AF369598

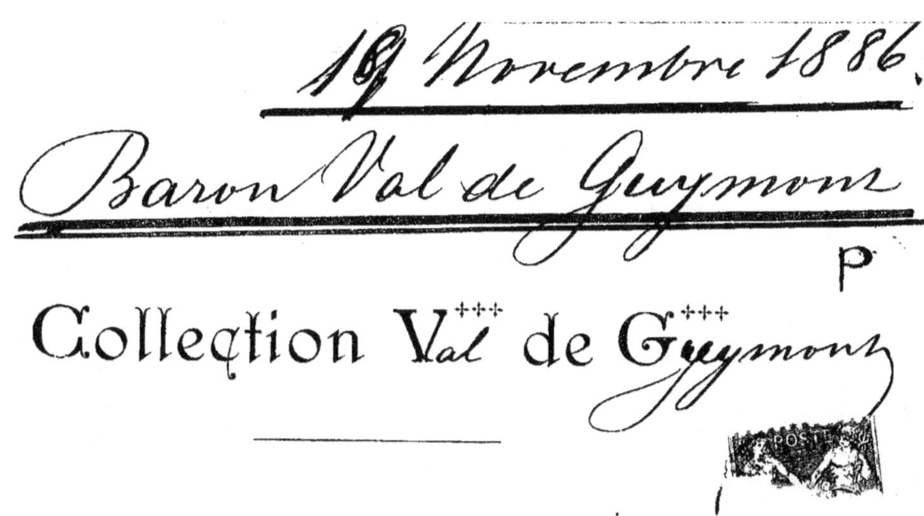

Collection Val de Guymont

HOTEL DROUOT, SALLE Nº 2

Le Vendredi 19 Novembre 1886, à 2 heures

COMMISSAIRE-PRISEUR	EXPERT
Mᵉ **HENRI LECHAT**	**M. E. VANNES**
6, rue Baudin (square Montholon).	54, Faubourg-Montmartre, 54.

EXPOSITION PUBLIQUE

Le Jeudi 18 Novembre 1886

DE 2 HEURES A 5 HEURES 1/2

EXEMPLAIRE DE H. STETTINER

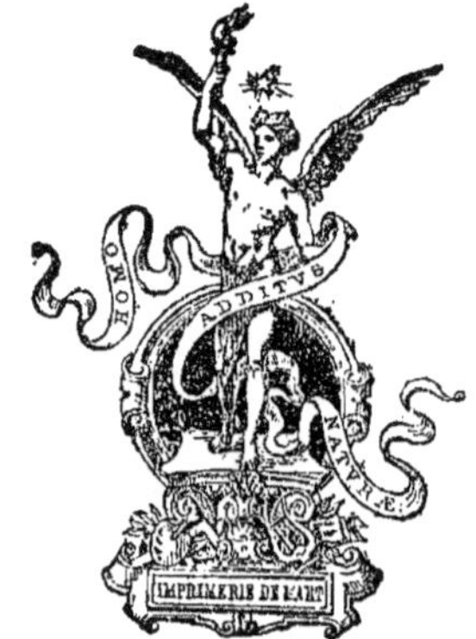

HOMO ADDITVS ...
IMPRIMERIE DE MARS

VENTE

AUX ENCHÈRES PUBLIQUES

A la requête de M. HÉBERT, curateur

Après le décès de

M. DE V*** DE G***

PORCELAINES TENDRES DE SÈVRES

Tasses trembleuses, Verrières, Encrier, Jardinière
Plateaux, Salières, Bols, Pot à lait
Sucrier, Tasses mignonnettes, etc., etc.

BIJOUX, OBJETS D'ART, TAPISSERIE

Triptyque en or et émaux, Médaillon, Flambeaux Louis XVI
Bronzes, Sucriers à poudre
Épingles ornées de brillants et perles fines
Boutons de chemise, Montres, etc., etc.

MEUBLES ANCIENS

Meuble en Boule Louis XIV, Commodes Louis XV et Louis XVI
Tables, Panneaux Renaissance, Belles Glaces
Fauteuils Louis XVI, Sept Consoles en bois sculpté et doré
Pendule en Boule

TABLEAUX

Portrait de Femme, par NATTIER, Tiepolo, Roybet, etc., etc.
Livres, Garde-robe

HOTEL DROUOT, SALLE N° 2

Le Vendredi 19 Novembre 1886, à 2 heures

COMMISSAIRE-PRISEUR	EXPERT
Mᵉ HENRI LECHAT	**M. E. VANNES**
6, rue Baudin (Square Montholon).	54 Faubourg-Montmartre.

EXPOSITION PUBLIQUE

Le Jeudi 18 Novembre 1886, de 2 heures à 5 heures 1/2

CONDITIONS DE LA VENTE

Elle sera faite au comptant.

Les adjudicataires payeront *cinq pour cent* en sus des enchères.

L'exposition mettant le public à même de se rendre compte de l'état des objets, il ne sera admis aucune réclamation une fois l'adjudication prononcée.

Paris. — Imprimerie de l'Art. E. Ménard et J. Augry
41. rue de la Victoire.

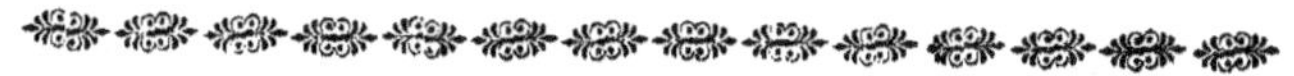

DÉSIGNATION DES OBJETS

PORCELAINES TENDRES DE SÈVRES

1. — Jardinière à quatre faces lobées décorées
sur blanc de guirlandes de fleurs. Les bords
sont chantournés et ornés de filets d'or
rehaussés de touches bleues. 1768.

2. — Belle verrière de forme oblongue, décorée
d'amours en camaïeu rose sur fond blanc,
dans le genre de Boucher, entourés d'un filet
enguirlandé de fleurs; la bordure est à filet
d'or dent de loup. Les anses, formées de
feuilles d'acanthe, sont rehaussées d'or; décor
de *Morin*. 1755.

3 — Petit plateau à bords chantournés, à filet
doré de dents de loup; le marli est décoré
de fleurettes et le fond d'un amour endormi,
d'après Boucher, en camaïeu rose. Décor de
Morin. 1754.

4 — Remarquable tasse trembleuse, avec sa soucoupe et son couvercle à bouton formé d'un dalhia. Le fond est vert anglais. La tasse est décorée, en réserve, de deux médaillons cerclés d'or, et contenant, l'un un amour nu, ailes déployées et jouant avec son carquois; l'autre un amour nu tenant une folie et un hautbois. La soucoupe est également ornée de deux médaillons avec des amours jouant, l'un avec des couronnes de laurier, l'autre avec des fruits. Le couvercle est à deux médaillons d'attributs.

Très beau décor d'après Boucher, par *Chabry*. 1771.

5 — Tasse cylindrique à anse, avec soucoupe. Le fond est bleu turquoise, à la réserve d'un médaillon finement décoré d'une scène pastorale, à personnages, dans le style de Watteau; décor de *Chabry*. 1769. La soucoupe, en ancienne pâte tendre de Sèvres, est surdécorée dans le même goût.

6 — Tasse cylindrique à bord de dents de loup dorées et à anse. Décorée d'un amour en camaïeu rosé. 1764. Décor de *Rocher*.

7 — Bol en vieux Sèvres à fond gros bleu sur-

décoré de médaillons et d'amours en camaïeu
rose, avec rinceaux dorés.

8 — Verrière en ancienne pâte tendre; les
bords flammés sont à filets d'or rehaussés de
touches bleues. Belle pièce de forme surdécorée de guirlandes de roses, de bluets et
autres fleurs attachées par des rubans. Les
deux anses en forme d'acanthes.

9 — Tasse cylindrique à anse et soucoupe; le
fond, gros bleu, est décoré de fleurs et de
filets d'or, avec deux médaillons en réserve
représentant des scènes marines. Décor de
Morin. 1774.

La soucoupe, en ancienne pâte tendre de
Sèvres, est surdécorée dans le même goût.

10 — Autre tasse avec soucoupe, de forme cylindrique; le fond est vert anglais avec médaillons réservés décorés d'attributs et de sujets
galants. La soucoupe, ancienne, est surdécorée dans le même style. 1763.

11 — Tasse cylindrique à anse avec soucoupe,
fond vert anglais à bandes réservées en bleu
de roi piqueté d'or; sur la face est un médaillon décoré d'oiseaux, le bord à filets d'or

dents de loup. La soucoupe, en ancienne pâte tendre, est surdécorée dans le même goût.

12 — Tasse et soucoupe mignonnette, forme cul de poule, fond vert tendre à décor d'oiseaux en réserve et de rinceaux dorés. La tasse, en pâte tendre, est d'exécution récente.

13 — Deux plateaux oblongs à bords chantournés, en ancienne pâte tendre, surdécorés de marlis en gros bleu, à filet dents de loup et semis de bouquets en rehauts d'or. Les fonds blancs sont à sujets d'amour en bleu tendre.

14 — Salière trilobée en ancienne pâte tendre blanche, à anses enlacées d'un ruban et simplement ornée de filets d'or.

15 — Jardinière en ancienne pâte tendre blanche, à panse lobée, à bords chantournés et à compartiment interne.

16 — Deux tasses trembleuses avec leurs soucoupes et un seul couvercle à bouton de dalhia, en ancienne pâte tendre blanche; les anses sont entrelacées.

17 — Bel encrier en ancienne pâte tendre, formé
par un plateau à bords chantournés, cerclé,
en bronze doré et finement ciselé; l'embase
à agrafes est également en bronze doré et
ciselé, ainsi qu'une plate-bande médiane
représentant une gerbe de fleurs et de feuilles
enrubannées; ce plateau supporte l'encrier
et la poudrière, à galeries en bronze ajouré
et doré; les couvercles sont à boutons de
forme ovoïde. Le décor général est formé de
bandes bleu de France chatironnées d'or et
de jolies guirlandes de fleurs. 1763.

18 — Tasse mignonnette à anse, de forme cylindrique, avec sa soucoupe, décorée sur blanc
de bandes quadrillées en bleu et or, avec
bordures en or à dents de loup. Décor de
Vieillard, ors de *Théodore*. 1777.

19 — Jardinière en ancienne pâte tendre, de
forme oblongue, sur piédouche, à bords
chantournés et filetés d'or; les deux anses
sont en forme d'acanthes. Chacune des faces
est à œils de perdrix piquetés en bleu et or,
entourant un beau médaillon chatironné et
décoré d'oiseaux; l'embase et le bord supé-
rieur externe sont ornés d'une bande en bleu

de roi dorée, d'un ruban courant et de fleurettes.

Pièce surdécorée dans la manière de *Alonde*.

20 — Théière à anse et à couvercle, décorée
d'une guirlande de roses coupée horizontale-
ment d'une autre de bluets, et quadrillée
d'or à la partie supérieure ainsi qu'au couvercle, terminé par un bouton en forme de
fruit. Sans date ni marque de décorateur.

21 — Petite tasse à deux anses contournées, à
bord doré de dents de loup, fond bleu de roi
quadrillé d'or. Sans marque.

22 — Tasse forme cul de poule, à anse double
entrelacée, à bord dents de loup doré, surdécorée d'un lambrequin fond vert anglais
chatironné de clochettes et quadrillé d'or et
de fleurettes diverses. La soucoupe est en
ancienne pâte tendre.

23 — Pot à crème à anse en S, bord dents de
loup doré, fond gros bleu à médaillon cen-
tral en réserve, entouré de feuillages d'or et
décoré en camaïeu rose d'un amour assis.
1761.

24 — Fontaine en ancienne faïence allemande, à support et à couvercle ; le fût représente, en relief, Andromède nue et enchaînée ; elle est entourée de dragons, d'animaux fantastiques et d'ornements de style rocaille ; le couvercle, terminé par un bouquet de fruits, est orné d'une coquille surmontée d'un dragon guettant une salamandre ; le pied est à volutes et décoré d'un aigle terrassant un serpent.

BIJOUX — OBJETS D'ART

25 — Petit triptyque de style gothique, en or ciselé, gravé et ajouré, enrichi, à la base et au sommet, de pierreries et de perles. La partie centrale, carrée et à deux volets, contient cinq plaquettes en émaux de basse-taille sur or et fond bleu, dans le goût du xive siècle, représentant, à l'intérieur et au milieu, Jésus en croix entre Jean et Madeleine ; à droite et à gauche, sur les volets, saint Christophe et saint Georges, et, à l'extérieur, sainte Catherine et saint Jean.

Pièce venant de la vente Stein, où elle figure sous le n° 157 du catalogue.

26 — Petit médaillon du xviiie siècle en filigrane d'argent doré, monté de deux glaces en cristal biseauté.

27 — Deux sucriers à poudre en argent ciselé, de style Louis XV, à couvercles repercés.

28 — Paire de petits flambeaux Louis XVI en bronze doré et marbre blanc.

29 — Plaquette en émail de Limoges représentant l'enlèvement de Déjanire par le Centaure Nessus.

30 — Statuette en bronze. Époque Louis XIV.

31 — Autre statuette en bronze, de même époque.

32 — Pendule sur socle, époque Louis XIV, en marqueterie de Boule incrustée de fleurs de couleur, corne et nacre, de chez Mynuel, à Paris.

33 — Coffret en cuir gravé, d'époque Renaissance, avec ses ferrures.

34 — Montre ancienne en argent.

35 — Montre d'homme en or.

36 — Trois boutons de chemise en or et montés de perles fines.

37 — Épingle de cravate en or, forme fer à cheval, ornée de deux brillants et trois rubis.

38 — Cinq épingles de cravate en or et de formes diverses.

39 — Deux boutons en or montés en lapis.

40 — Cinq autres boutons de chemise en or et deux en ivoire.

MEUBLES ANCIENS

41 — Petite commode du temps de Louis XV, en laque de Chine, à deux tiroirs avec entrées de serrures, poignées chutes et sabots en cuivre ciselés et dorés, avec marbre griotte à gorge.

42 — Petite table du temps de Louis XV, en bois de rose, à tiroirs avec cuivres dorés.

43 — Commode d'entre-deux du temps de Louis XVI, demi-ronde, en bois de rose et marqueterie, à trois tiroirs et un vantail de chaque côté ; elle est ornée de ses cuivres finement ciselés et dorés et décorée, sur la face, d'un médaillon marqueté d'une corne d'abondance et de rinceaux ; sur les vantaux, de bouquets de fleurs, et, à la partie supérieure, de rinceaux en marqueterie de bois noir ; marbre sanguin à gorge.

44 — Fauteuil Louis XVI garni en lampas fond vert d'eau à fleurs, à dossier carré ; le fronton est sculpté d'une couronne et de rubans, avec feuille d'eau courante ; les consoles d'accotoirs sont décorées de feuilles d'acanthe.

45 — Grand cadre de glace d'époque Louis XVI, en bois sculpté, à fond blanc et feuilles de chêne dorées. Le fronton, à cannelures, est décoré de quatre mufles de lion et de feuilles d'acanthe formant consoles.

46 — Meuble d'entre-d'eux, en Boule, du temps de Louis XIV, en marqueterie de cuivre et d'étain, de forme carrée, à un vantail garni de chutes de plates-bandes et de cuivres

ciselés et dorés, le fronton est à gorge et à
voussure.

47 — Canapé d'époque Louis XVI.

48 — Console sur un pied, d'époque Louis XVI,
en bois sculpté et doré, à cannelures et rinceaux.'

49 — Console en bois sculpté et doré, d'époque
Louis XV, à entre-deux, avec son marbre.

50 — Autre console, même époque, en bois doré
et sculpté avec marbre.

51 — Autre console d'époque Louis XV, en bois
sculpté et doré avec marbre.

52 — Console de même époque.

53 — Console de même époque.

54 — Console Louis XVI, en bois sculpté à
cannelures, guirlandes et entre-deux, surmontée d'un vase, avec marbre blanc à
gorge.

55 — Panneau en bois sculpté d'époque Fran-
çois Ier, à deux médaillons ornés de figures

et entourés de rinceaux avec figures d'animaux, séparés par un pilastre à chapiteau
avec écusson à armoiries.

56 — Devant d'autel en bois sculpté du xviᵉ siècle,
représentant des scènes de la Nativité de
Jésus-Christ; au centre, l'Adoration des
Mages; à gauche, l'Annonciation, et à droite,
la Circoncision. Encadré d'un fronton sculpté
supporté par des colonnes. Haut., 1 mètre
20 cent.; long., 2 mètres.

57 — Petit fronton en bois sculpté de la Renaissance, avec personnage.

58 — Belle glace d'époque Louis XVI, en bois
sculpté et doré, à double rang de perles,
ornée à la partie supérieure de deux volutes
et d'un fronton formé par un lambrequin
surmonté d'une corbeille de fleurs.

59 — Petit écran d'époque Louis XVI, en bois
doré et sculpté de cordes à puits et de feuilles
d'acanthe.

60 — Belle tapisserie de Bruxelles, avec sa large
bordure à cariatides, représentant une scène
tirée de l'Histoire romaine : *Alexandre tran-*

chant le nœud gordien. Elle porte en bas, à droite, la marque de Bruxelles et la signature de Fransois Raes, tapissier, à gauche.

TABLEAUX

NATTIER

61 — Portrait de dame du temps de Louis XV, assise et de face, vêtue d'un costume de satin bleu garni de dentelles et de fourrures; dans son cadre du temps en bois sculpté et doré.

TIEPOLO

62 — Petit tableau.

63 — Petit panneau sur cuivre.

MOUCHERON

64 — Vue d'un parc animé de personnages.

PORBUS (École de)

65 — Portrait de Henri IV, en pied.

ROYBET

66 — Jeune page en costume Louis XIII, debout,
la tête nue ; il est vêtu d'une culotte de
velours et d'un pourpoint en satin blanc, à
grande collerette.

---

67 — Livres : environ deux cents volumes sur
les arts et les sciences, romans, etc., etc.

68 — Garde-robe.